NOTICE

BIOGRAPHIQUE

SUR F. MAZOIS

TYPOGRAPHIE DE H. FIRMIN DIDOT. — MESNIL (EURE).

NOTICE

BIOGRAPHIQUE

SUR F. MAZOIS

PAR

M. VARCOLLIER

Conseiller de Préfecture de la Seine

PARIS

TYPOGRAPHIE DE FIRMIN DIDOT FRÈRES, FILS ET Cⁱᵉ

IMPRIMEURS DE L'INSTITUT, RUE JACOB, 56

—

1860

NOTICE
SUR F. MAZOIS.

Les hommes les mieux doués ne trouvent pas toujours du premier coup la voie qui doit s'ouvrir un jour à leurs aspirations secrètes. Ils ont, en général, d'autant moins de décision dans l'esprit qu'ils ont plus de variété dans leurs aptitudes; et, comme leur compréhension peut embrasser facilement tous les ordres d'idées, ils se sentent propres à tous les genres d'études; ce qui leur permet de passer sans effort de l'une à l'autre, et de s'adonner un peu à toutes avant de s'attacher solidement à aucune. D'où vient que, pour beaucoup d'entre eux, la vocation naît du hasard, et que les circonstances seules semblent déterminer l'emploi comme le développement des facultés de leur esprit.

Telle fut à peu près la marche que suivit, à ses débuts, l'artiste éminent auquel cette notice est consacrée. On y verra, contrairement à ce qu'on a rapporté de lui ailleurs, faute d'informations suffisantes, qu'après avoir tenté vainement de suivre la carrière des armes, il ne devint architecte que par obéissance, comme il ne fut, plus tard, archéologue que par occasion, et écrivain par nécessité. A vrai dire, il aurait pu, selon les occurrences, être bien autre chose encore, tant son intelligence prompte, souple, docile, pénétrante, savait s'appliquer à tout indistinctement; mais si les moyens mis indifféremment par lui en usage pouvaient être divers, le but où tendirent ses efforts et ses vœux fut unique. Ce but c'était le succès avec la considération qu'il donne, la renommée avec l'éclat qu'elle procure, et qui sait? peut-être même la gloire avec l'enivrement qu'elle promet. Doux rêve qui fut en partie réalisé; car Mazois obtint la considération, le succès et la renommée. Quant à la gloire, elle n'est le lot que d'un bien petit nombre d'hommes, quoi qu'en puissent penser le trèsgrand nombre de ceux qui la convoitent. Mais c'est être encore privilégié que de pouvoir laisser l'honneur de son nom fondé sur des titres aussi durables que ceux qu'a su s'acquérir à la fois comme artiste, comme écrivain, comme érudit, l'homme d'esprit et de talent dont je vais essayer de retracer la vie et d'apprécier les travaux.

François Mazois naquit à Lorient, le 12 octobre 1783. Sa constitution délicate exigea, durant presque toute son enfance, des soins et des ménagements qui nuisirent à ses premières études ; mais là ne fut pas le principal obstacle que rencontra, dans son ardeur d'apprendre, sa vive et précoce intelligence. A l'âge où il aurait fallu qu'on pût l'astreindre à des travaux suivis et réguliers, la Révolution achevait de disperser jusqu'aux derniers débris de nos établissements scolaires, et abolissait par là virtuellement tout enseignement classique en France. Époque peut-être unique dans l'histoire des peuples, où l'on vit les différentes classes d'une nation à si juste titre renommée pour ses lumières, sevrées indistinctement de toute éducation publique et privée, et où les pères de famille qui étaient restés quelque peu jaloux de leurs devoirs durent chercher dans leur propre instruction, trop souvent douteuse, les moyens de suppléer, tant bien que mal, au savoir solide et éprouvé des hommes qui avaient eu jusque là charge et mission d'enseigner la jeunesse.

Ce fut précisément dans cette nécessité que se

trouva le père du jeune Mazois. Forcé, par les mal-
heurs du temps, de quitter la ville de Bordeaux,
où il avait rempli pendant plusieurs années les
fonctions de directeur des paquebots du Roi, il alla
s'établir à la campagne. Mais quoique homme dis-
tingué à beaucoup d'égards et possédant même
sur quelques points des connaissances spéciales,
il ne pouvait remplacer utilement auprès de
son fils les divers maîtres dont celui-ci aurait eu
besoin, encore moins donner à l'ensemble de ses
études une direction sérieuse et convenable. Il y
eut donc là une nouvelle lacune dans l'éducation
de cet enfant, qui était pourtant destiné à s'illustrer un jour par ses talents comme par la variété
de ses connaissances. Toutefois, cette vie de retraite et de famille, qui n'avait pu être profitable à son instruction, le fut, sous d'autres rapports,
à son esprit et à son cœur. C'est que, pour certaines
natures, l'étude des sciences et dés lettres n'est
ni l'unique ni même la principale source où s'a-
limente l'intelligence, où l'âme trouve les prin-
cipes fécondants de ses plus nobles facultés; les
bons exemples leur sont encore plus avantageux
que les bons préceptes, et les maximes de probité et
d'honneur mises sous leurs yeux en pratique les
touchent plus vivement que toutes les leçons de

sagesse qui sont renfermées dans les livres. Au dire de Xénophon, les Perses enseignaient à leurs enfants la vertu comme ailleurs on leur enseigne les lettres. Ce genre d'enseignement fut celui qu'on donna en premier lieu et presque uniquement au jeune Mazois; et ce fut de sa mère qu'il eut l'inappréciable douceur de le recevoir. Ses sentiments s'y ennoblirent; sa nature vive et pétulante s'y assouplit, et son esprit y contracta ces habitudes de délicatesse et d'élévation, de grâce et de dignité qui furent les traits distinctifs de son caractère, comme ils devinrent ceux de son talent. Heureuse et bien-aimée influence vers laquelle il ne pouvait jamais tourner sa pensée sans un profond attendrissement.

Cependant le temps était enfin venu de donner une direction plus suivie et mieux entendue aux études proprement dites de cet enfant aimable et spirituel, mais fort peu instruit. On profita de la récente création des écoles centrales pour le faire entrer dans celle de Bordeaux. Il s'y appliqua plus particulièrement aux sciences, voulant se présenter aux examens de l'école Polytechnique; mais un nouvel et fâcheux incident vint encore traverser ses desseins. Près de toucher au but, il fut atteint, vers l'âge de seize ans, d'une affection éruptive aiguë, à la suite de laquelle il resta un peu sourd. Cette infirmité, qu'on avait crue d'abord passagère, ayant malheureusement persisté, il dut renoncer à la carrière militaire, qui était alors l'objet de toute son ambition.

Voici à ce propos ce que, trois ans plus tard, il écrivait de Paris à sa mère. C'était au moment où l'on s'occupait de la formation du corps des vélites :

« Bien que je me sois imposé pour règle de
« conduite de sacrifier à tes volontés mes inclina-
« tions les plus vives, je viens cependant essayer
« aujourd'hui de te ramener sur un certain point
« à mes désirs et à mes vues. Sous le nom de Vé-
« lites, on s'occupe de créer un corps militaire
« charmant, qui sera une espèce de pépinière d'of-
« ficiers. Laisse-moi chercher à y entrer. Tu con-
« nais ma passion pour les armes; trois années de
« lutte n'ont pu l'affaiblir. Je sais d'avance toutes
« les raisons par lesquelles tu peux combattre
« cette envie; mais aucune ne me paraît con-
« cluante. Je sens en moi cette soif d'honneur dont
« Platon fait la troisième passion de l'homme,
« et qui, au rebours des autres, augmente avec
« l'âge au lieu de diminuer. Il est bien vrai que
« la gloire ne se trouve pas seulement dans la

« carrière des armes, et qu'elle est, comme le
« bonheur, partout où l'on croit la voir ; mais moi
« j'ai le malheur de ne la voir que là. Permets-
« moi d'ajouter qu'il est possible, comme vous
« vous plaisez à le dire, que je convienne à l'ar-
« chitecture, mais qu'il est bien plus certain
« encore que l'architecture ne me convient pas. »
Et, comme il appartenait par son âge au contingent
qu'on venait d'appeler sous les drapeaux, il ajou-
tait : « Je touche, du reste, au moment décisif ; une
« fois réformé je suis un homme condamné à
« d'éternels regrets. »

Ce petit plaidoyer n'eut pas le succès qu'il en
semblait attendre ; son père y répondit par de sages réflexions, sa mère par de tendres inquiétudes,
qui vinrent calmer un peu cette humeur guer-
royante ; et, quelque temps après, sa réforme ayant
été prononcée, il reprit, sinon avec ardeur, du
moins avec résignation, les études de mathémati-
ques, de dessin et d'architecture qui motivaient
son séjour à Paris. C'était donc, comme on le voit,
par obéissance et non par goût que Mazois se faisait
architecte. Sa vive et brillante imagination avait
grand'peine à rester enfermée dans les bornes qui
étaient pour le moment imposées à son essor.

L'architecture est, avant tout, un art positif,

dont l'application , naturellement associée à tous nos besoins, doit s'aider de toutes les sciences qui s'y rapportent. C'est ce qui en rend l'apprentissage long, compliqué et ardu. Mais la diversité même des études auxquelles elle s'allie ou qu'elle exige, devait offrir bientôt à l'esprit d'un homme aussi heureusement doué que Mazois des perspectives attrayantes et nouvelles.

Comme son instruction littéraire avait été jusque-là fort négligée, il voulut se donner, sur sa modique pension alimentaire, un professeur de latin, avec lequel il prit de son mieux connaissance des auteurs anciens. Bien qu'il ne pût alors pousser fort avant cette nouvelle étude, il en sut tirer profit comme on fait de toute chose à quoi l'esprit se plaît et s'attache ; et, ses goûts littéraires aidant, il ne tarda pas à sentir se développer en lui un goût nouveau non moins vif, celui de l'histoire des mœurs, des usages et des monuments de l'antiquité. C'était une vocation qui naissait. L'archéologie, sœur des lettres comme de l'architecture, et se rattachant, par cette double parenté, aux différentes branches de l'art, allait être désormais l'actif et durable stimulant de ses travaux, et ouvrait à ses jeunes aspirations un champ qui pouvait s'agrandir sans limites. Cette nouvelle direction

de son esprit porta promptement ses fruits. A l'occasion de quelques médailles trouvées dans les
ruines de l'ancien cirque de Bordeaux, connu
sous le nom de palais de Gallien, Mazois adressa à
la société des sciences et belles-lettres de cette ville
un mémoire où se décelaient déjà cette ingénieuse
sagacité et cette rectitude de jugement qui de-
vaient, par la suite, se montrer dans toutes ses
œuvres. Ce petit écrit, premier essai d'un anti-
quaire de vingt ans, avait été communiqué par
lui à M. Mongez, qui, après en avoir approuvé
pleinement le fond, en critiqua assez sévèrement
la forme. J'en trouve l'aveu ingénu dans une
lettre même de Mazois, adressée à son père le 24
germinal an xi. C'est qu'en effet l'érudit était fort
en avance sur l'écrivain, dont tout trahit à cette
époque l'inexpérience dans l'art d'écrire. Toutefois ce mémoire, qui s'était fait remarquer par la
hardiesse des idées, lui valut le titre d'associé
correspondant de l'Académie de Bordeaux ; en-
couragement qui sembla réveiller tout à coup en
lui une ardeur non moins profitable à ses travaux
d'architecture qu'à ses études littéraires et archéologiques. En effet, à partir de ce moment sa
correspondance avec son père et sa mère se teint
de la ferme résolution où est désormais son esprit

de trouver dans les sciences, dans les lettres et les arts, ces distinctions et ces honneurs qu'il n'avait d'abord voulu chercher que dans la carrière des armes. Après avoir travaillé successivement, mais sans grand profit, avec MM. Ledoux et Vaudoyer, il devint, en 1803, l'élève de M. Percier, et trouva dans l'espèce d'éclat que faisait rejaillir sur l'école le haut mérite du maître un nouvel aiguillon à ses ardeurs d'étude et d'investigation.

Admis, pour la première fois, en 1806, au concours du grand prix d'architecture, il n'en retira que l'honneur de la lutte; mais cette même année ne s'écoula pas sans dédommagement pour lui : un intéressant mémoire qu'il venait de publier sur les anciens monuments de la Gaule motiva son admission dans l'Académie celtique de Paris.

Bien que le concours de 1807 ne lui eût pas mieux réussi que celui de l'année précédente, il sembla pourtant y avoir dans ces deux admissions consécutives un assez significatif indice d'aptitude et de talent, pour que l'architecte Vignon, qui voulait se présenter au concours du temple à ériger sur l'ancien emplacement de la Madeleine, jugeât à propos de s'adjoindre le jeune élève de Percier. Le résultat vint prouver que Vignon avait eu raison; mais quant à Mazois,

trop jeune encore pour avoir vu dans cette collaboration autre chose qu'une porte ouverte à ses
espérances, et trop inexpérimenté surtout pour
avoir senti le besoin de prendre ses sûretés dès
le début, il ne tarda pas à reconnaître qu'il aurait
eu bien plus de profit à se montrer prévoyant
qu'habile. En effet, une fois le but atteint, Mazois se vit presque aussitôt et sans ménagements
évincé de cette grande entreprise au succès de
laquelle il avait si puissamment contribué, et
dont les conséquences avaient semblé devoir être
un jour pour lui non moins avantageuses qu'honorables. Ce fut là un des plus cruels chagrins
de sa vie, celui peut-être au sujet duquel il s'ex-
prima toujours avec le plus de vivacité et d'amer-
tume. A la suite de cette déception douloureuse,
il quitta Paris pour quelque temps, et revint à
Bordeaux se retremper dans les calmes et douces
affections de famille.

Son énergie naturelle ne tarda pas cependant
à reprendre le dessus, et sa joviale humeur se
réveilla avec ses goûts studieux. De retour à Paris,
vers le milieu de l'année 1808, il trouva, dans
l'accueil bienveillant de son maître, M. Percier,
ainsi que dans les témoignages d'estime et d'affection de beaucoup d'autres personnages dis

tingués, au nombre desquels on doit particulièrement citer Fourcroy, Denon, le comte Jaubert et
le peintre Gérard, un ample dédommagement aux
tracasseries et aux injustices dont il venait d'avoir
si cruellement à souffrir. Ce dernier, par ses encouragements et ses conseils, contribua surtout à
la détermination que prit tout à coup Mazois de ne
pas subordonner davantage aux résultats incer-
tains d'un concours ses projets de voyage en Italie. Avec sa perspicacité habituelle, Gérard avait,
sous la jeune écorce de l'érudit, découvert la vive
imagination du poëte et deviné le futur auteur
du Palais de Scaurus. Ce n'était point, selon lui,
l'atmosphère de Paris qu'il fallait à cette âme
ardente et avide d'émotions, mais le ciel de l'Au-
sonie, mais la vue des temples, des cirques et
des palais ruinés auxquels ce ciel sert de dôme. Là
était son vrai champ d'étude.

Le jugement annuel de l'Institut venait d'avoir
lieu; M. Achille Leclère, le camarade d'atelier et
l'ami de cœur de Mazois, avait obtenu le grand
prix d'architecture. Voir Rome en compagnie d'un
émule, d'un camarade aimé, était un double attrait auquel il ne put résister. Ce fut pour lui
la goutte d'eau qui fait déborder le trop plein du
vase. Son départ fut donc aussitôt résolu, et, avec

l'approbation de sa famille, il se mit en route
le 1er novembre 1808.

La résolution était bonne et les événements
vinrent bientôt la justifier. A peine arrivé à Rome,
il reçut de M. Lecomte, architecte de la reine de
Naples, qu'il avait particulièrement connu à Paris, la proposition de venir l'aider dans certains
travaux extraordinaires que ses nombreuses occupations habituelles ne lui permettaient pas d'exécuter tout seul. L'occasion paraissant au nouveau
débarqué aussi opportune que belle, il ne la voulut pas laisser échapper, et sut par la suite la
mettre habilement à profit. On le vit en peu de
temps, par son activité et son intelligence, justifier pleinement la confiance de son protecteur;
par la distinction de son esprit, plaire au Roi et à
la Reine; par la variété de ses connaissances et
son vif désir de les accroître, se faire aimer des
savants du pays : ce qui ne fut pas le moindre de
ses succès; car, oubliant en sa faveur leur défiance
ordinaire, ceux-ci se prêtèrent complaisamment
à faire tomber devant le jeune artiste français les
barrières jusque-là si rigoureusement opposées à
tout étranger désireux de voir et d'étudier les restes
d'antiquités qui se trouvent partout accumulés à
Naples. Grâce à la protection de la Reine et au

concours bienveillant des agents préposés à la
conservation de ces richesses archéologiques, il
obtint successivement la permission de tout voir
et de tout visiter; puis la faculté de dessiner, de
mesurer et même de fouiller les ruines du temple
de Sérapis à Pouzzole; plus tard enfin, l'heureux
privilége de s'établir au milieu des restes bien
autrement précieux de Pompéi, dont les travaux
d'excavation, depuis longtemps interrompus
par les événements politiques, venaient, grâce à
la munificence du roi Joachim Murat, d'être
repris avec une ardeur nouvelle. Une telle
faveur, dont il sentait vivement tout le prix, ne
résultait pas uniquement de l'intérêt qu'il avait
su inspirer à la reine Caroline. Mazois avait dans
ses qualités de cœur et d'esprit, dans la distinction et la grâce de ses manières, dans sa raison
précoce, dans son humeur facile, aimable et
enjouée, un je ne sais quoi dont la séduction était
irrésistible. Elle s'exerça à Naples de la façon la
plus heureuse pour lui sur tous ceux chez qui il
eût suffi d'une abstention même exempte de tout
mauvais vouloir pour anéantir ses efforts et briser
ses espérances. On ne saurait mieux faire, à ce
propos, que de transcrire quelques lignes tirées
de sa correspondance avec son père à cette époque.

« Toute la côte de Naples, dit-il, à droite
« comme à gauche du Vésuve, est couverte de mo-
« numents grecs ou romains, plus ou moins con-
« servés, mais tous d'un intérêt immense. On n'a
« jamais voulu permettre aux étrangers d'en rien
« dessiner. Aussi n'a-t-il fallu rien moins qu'un
« ordre, exprès du ministre en ma faveur pour
« vaincre les résistances générales qu'on ren-
« contre partout ici à cet égard. C'est assurément
« en premier lieu à M. Lecomte que je dois cette
« bonne fortune ; mais peut-être aussi est-ce un
« peu à moi-même et à la façon dont je m'y
« prends pour apprivoiser les cerbères. Sous une
« forme ou sous une autre, c'est toujours au
« gâteau de miel du pieux Énée qu'il faut avoir
« recours pour les empêcher d'aboyer.

« Au nombre des administrateurs gardiens de
« tant de monuments antiques, j'ai trouvé un cha-
« noine aimable autant qu'instruit, nommé Jorio,
« qui n'aime pas les arts seulement, mais aussi
« ceux qui les cultivent. C'est apparemment ce
« qui me vaut ses bonns grâcees. J'en ai su faire
« le compagnon de mes excursions, et quelque-
« fois même le complice de mes larcins. A l'ombre
« de sa soutane, je compte aller prochainement
« jusqu'à Pæstum, une des plus anciennes villes

« de la Grande-Grèce, où j'aurai enfin la joie de
« voir, de toucher, de dessiner, de mesurer de
« vrais monuments grecs. J'ai entrepris, en at-
« tendant, un travail considérable et qui est déjà
« fort avancé. Si je suis assez heureux pour
« l'achever, j'aurai fait une chose qui me rappor-
« tera honneur et profit. Il s'agit de l'ancien
« temple de Sérapis. J'ai fait rouvrir de vieilles
« fouilles ; j'ai même pu en faire ouvrir de nou-
« velles, et mes matériaux sont nombreux et pré-
« cieux. Mais *point de bruit!* La réussite n'est
« qu'à ce prix. Je me fais le plus petit et le plus
« innocent que je puis ; car, si l'on soupçonnait
« ici que j'ai l'intention de publier la moindre des
« choses que je mesure et dessine, tout me
« serait à l'instant fermé, et le bon vouloir que
« j'ai trouvé jusqu'à ce jour se changerait aussi-
« tôt en tracasseries et peut-être même en hos-
« tilités. »

Comme on le voit, tous les moments qu'il pouvait dérober à ses travaux officiels, il les employait
au profit de ses études particulières. Aussi par-
vint-il en peu de temps à amasser des matériaux
considérables. Mais ce n'était là qu'un prélude au
travail plus important sur lequel allaient bientôt se concentrer tous les efforts de son intelli-

gence et se fonder toutes ses espérances de gloire
et de succès. Une circonstance imprévue et toute
fortuite, en le rapprochant davantage du Roi et
de la Reine, lui permit de s'en faire mieux apprécier encore. On avait voulu, cette année là (1809),
célébrer l'anniversaire de la naissance de l'empe-
reur Napoléon avec un éclat inusité. M. Lecomte,
chargé du service des fêtes, étant malade, Mazois
dut le remplacer. Le Roi et la Reine, qui venaient
presque tous les jours visiter les travaux qu'on
exécutait à cette occasion dans le palais de Portici, y rencontraient le jeune architecte, dont
l'activité, le zèle et l'énergique direction ne pouvaient manquer d'attirer l'attention de LL. MM.
Leur intérêt pour lui s'en accrut; et le succès
qu'obtint cette fête splendide et vraiment royale
porta au comble sa faveur. Il en profita pour
mettre avec confiance sous les yeux de sa royale
protectrice quelques-uns des dessins qu'il avait
rapportés de ses courses à Pompéi; lui exposant
avec chaleur ses vues, ses projets et ses espérances; lui développant le plan de l'ouvrage
tel qu'il l'avait déjà en tête; lui disant enfin
l'honneur qui en pouvait un jour revenir à la
France, leur pays à tous deux; et comme il avait
en ce moment l'éloquence que donne toujours

2

la vraie passion, il sut toucher la Reine, et obtint peu de temps après, par son entremise, l'autorisation officielle de s'établir à Pompéi pour y dessiner et mesurer librement les ruines de cette antique cité.

Un pareil triomphe, en réveillant l'envie et la susceptibilité des antiquaires du pays, n'eût été probablement pour Mazois qu'une nouvelle et inépuisable source d'ennuis et de persécutions de tout genre, si, par prévoyance peut-être autant que par bienveillance et générosité, la Reine n'avait cru devoir, en même temps, l'attacher à sa personne comme dessinateur de son cabinet. Ce titre, en effet, imposa tout d'abord silence aux plus mécontents, et les émoluments qui s'y trouvaient attachés permirent en outre au jeune savant de se livrer désormais avec sécurité à des travaux non moins coûteux que pénibles. Jusque-là l'existence de Mazois avait été précaire. Pour subvenir aux dépenses de son voyage en Italie, sa famille avait dû s'imposer des sacrifices qui ne pouvaient avoir une longue durée. Il le sentait lui-même; et c'est ce qui lui avait fait accepter avec empressement, auprès de l'architecte de la Reine, un emploi temporaire dont le produit lui permettait de prolonger utilement son séjour à Naples sans charge nouvelle pour les siens. A cet égard, les préoccupations incessantes qu'on retrouve dans sa correspondance avec son père et sa mère sont aussi honorables que touchantes, et il n'y a de comparable à l'extrême délicatesse de ses sentiments que la vivacité de sa tendresse filiale. Cette tendresse éclate, du reste, partout dans sa vie, et l'on pourrait presque dire que ç'a été le plus puissant mobile de ses efforts, de ses travaux et de son ambition. Sera-t-il permis à celui qui trace ces lignes, et qui a été lié pendant dix années consécutives de la plus étroite amitié avec Mazois, de vouloir, dans cette notice, montrer l'homme encore plus que l'écrivain? Plusieurs ont déjà parlé, d'autres parleront encore des mérites divers par où se recommande l'auteur du Palais de Scaurus et des Ruines de Pompéi; moi, son vieil ami, je veux un peu parler de ce que j'ai si bien connu, des qualités de son cœur.

La correspondance qu'il entretenait avec sa famille est tellement expansive, tellement remplie de cette spontanéité juvénile où se reflète l'âme, qu'on peut en tirer aisément les traits les plus propres à faire connaître avec exactitude son caractère, son humeur, son esprit et ses sentiments. C'est ce qui m'encourage à citer, toutes les fois

que Mazois me semble s'être peint lui-même mieux
que personne ne l'eût pu faire à sa place. Voici ce
qu'il écrivait à son père, au mois de juillet 1810, en
réponse aux sollicitations pressantes que lui adres-
sait celui-ci au sujet de son retour en France.

« Il vous est pénible, dites-vous, de voir s'éloi-
« gner encore le moment où nous devrons être
« enfin réunis. Pensez-vous que j'en souffre moins
« que vous? Mais il faut que j'achève honorable-
« ment la tâche que j'ai entreprise si heureuse-
« ment. Le résultat que j'en espère ne vous sera
« pas moins doux qu'à moi-même, et contribuera
« peut-être à nous raccommoder avec la fortune.
« Ah! que ne pouvez-vous voir, de là bas où vous
« êtes, le train de vie que je mène ici! Vous m'en
« tiendriez compte assurément et ne voudriez
« pour rien au monde amollir mon courage. Je
« ne suis point insensible au plaisir, vous le sa-
« vez; j'aime passablement mes aises et ne hais
« point, tant s'en faut, le commerce du monde.
« Eh bien! j'ai su me sevrer de tout cela pour me
« donner tout entier au travail. De temps en temps
« il y a bien en moi quelques luttes et même un
« peu de souffrance; mais je tiens bon; et c'est
« votre pensée surtout, sachez le bien, qui vient
« ranimer alors mes forces qui faiblissent. Car

« j'ai une chose encore plus à cœur que le suc-
« cès, que la réputation, que la gloire même, mes
« bons amis : c'est votre bonheur à tous. Ce bon-
« heur est ma préoccupation incessante et le vrai
« but de tous mes efforts ; laissez-moi donc y tra-
« vailler.

« Me voici de nouveau établi à Pompéi, où,
« malgré l'excès de la chaleur, je continue à ac-
« croître mes richesses, c'est-à-dire à augmen-
« ter mes matériaux. Mes cartons s'emplissent.
« Que je vous dise un peu de quelle façon je vis
« ici dans mon ermitage ; cela ne sera pas sans
« intérêt pour vous, et deviendra un sujet de
« causerie pour la famille.

« Je me lève de fort bonne heure, presqu'avec
« le soleil. Dans cette saison, c'est le plus agréable
« moment de la journée, parce qu'on y respire
« un air pur et frais, tout imprégné de la senteur
« des champs et du parfum des bouquets de sauge
« et de menthe qui croissent au milieu des rui-
« nes. Il n'y a rien de plus favorable à la libre
« circulation du sang et qui dispose mieux au tra-
« vail. Comme l'appétit se fait bientôt sentir, je
« l'apaise par un gros morceau de pain bis, qui
« me paraît savoureux, mais dont j'émiette volon-
« tiers une partie au profit d'une foule de petits

« oiseaux de toute espèce et de lézards familiers
« que ma libéralité quotidienne rassemble sans
« crainte autour de moi durant mon court repas.
« Vers neuf heures, la trop grande ardeur du so-
« leil me forçant à lever la séance, je rentre dans
« ma petite cellule, où je mets au net tout ce que
« j'ai tracé le matin. A midi, mon cuisinier, dont
« la science n'a rien de commun, je vous jure,
« avec celle que prisait si haut Apicius, m'apporte,
« d'un air solennel, un vaste plat de macaroni
« nageant dans un chaudeau bien clair, forte-
« ment saupoudré de sel et de poivre et garni de
« tomates, avec une demi-douzaine d'œufs durs en
« guise de couronnement. C'est là mon ordinaire.
« Mais aux grands jours nous y ajoutons un
« morceau de chèvre ou de chevreau, cuit sur la
« braise, accompagné de quelques feuilles de sa-
« lade imbibées d'huile rance ; le tout arrosé
« d'un certain vin du Vésuve excellent, à vrai dire,
« mais qui griserait le cheval de Marc-Aurèle.

« Cela fait, je vais, comme Pline, dormir à
« l'ombre et au frais, si je puis. Une heure de som-
« meil me rend gaillard et dispos, et je me remets
« au travail jusqu'à cinq heures dans ma petite
« loge, puis en plein vent jusqu'au coucher du
« soleil. C'est de compte fait treize ou quatorze

« heures d'ouvrage par jour. Aussi fais-je de
« bonne besogne.

« Vers la brune, je prends mon fusil et vais rôder
« un peu dans les environs; mais le plus souvent
« je me promène dans la ville, au milieu de ces
« ruines qui ont un attrait toujours nouveau pour
« moi. Assis sur quelque gradin du théâtre d'Au-
« guste, mon imagination sait le remplir bientôt
« d'une foule attentive aux tragiques accents de
« Clytemnestre ou d'OEdipe. Mais je n'ai besoin
« que de mes yeux pour voir en réalité le plus
« riche et le plus splendide décor qui ait jamais
« encadré une scène quelconque. Il y a là, pour
« toile de fond, une chaîne de hautes montagnes
« aux contours harmonieux, dont l'œil du specta-
« teur peut saisir jusqu'aux moindres détails qui
« les accidentent; à droite se découvre la mer,
« avec l'écueil d'Hercule et l'île de Caprée; à
« gauche les hauteurs du pays des Samnites, et
« plus loin le Vésuve d'où s'échappe en forme de
« gerbe une fumée dorée par les derniers rayons
« du soleil.

« De là je viens errer sous les portiques du Fo-
« rum, ou m'asseoir un moment sur le banc des
« prêtres de Jupiter, qui, en vrais gens du métier,
« avaient choisi la plus agréable position de la

« ville. Plus tard je vais faire mes dévotions au
« temple de la Bonne-Déesse ; puis, descendant
« par la rue de l'Odéon, et après m'être arrêté
« devant deux ou trois des plus belles bouti-
« ques de la ville, j'entre au camp des soldats
« pour m'y rafraîchir à l'eau de sa fontaine ; enfin
« avant de rentrer *sub tecto* je m'arrête un mo-
« ment sous le portique, rêvant, vous devinez
« bien à qui. D'autres fois, poussant hors la ville ,
« je vais jusqu'à la maison de campagne de Dio-
« mède ; et si je me trouve attardé, je n'en éprouve
« nulle inquiétude ; car, bien qu'il y ait des por-
« tes aux murailles qui entourent la cité, les bat-
« tants n'en existent plus, et les sentinelles qu'on
« y avoit placées n'ont pas été relevées depuis
« dix-sept siècles. Voilà comment je passe ici mon
« temps. Si j'aperçois de loin quelque curieux,
« je me sauve bien vite et me cache, trouvant que
« la solitude est la meilleure condition où puisse
« être l'esprit quand il est occupé de si grandes
« et de si belles choses. Je ne suis, du reste, à pro-
« prement parler, jamais seul, mes amis, puisque
« vous êtes toujours et partout avec moi , et je
« sens chaque jour davantage que je ne puis être
« heureux sans vous. »

Ce fut grâce à ce labeur incessant, que Mazois fit

en deux années ce que n'avaient su faire en un
demi-siècle deux générations de princes, d'artistes et de savants. Il avait, dès cette époque, en
porte-feuille une foule d'autres dessins intéressants, tirés d'Herculanum, de Pæstum et de Pouzzo-
les; mais il résolut sagement de ne publier en premier lieu que ceux de Pompéi, craignant que le
manque d'unité ne pût affaiblir l'intérêt d'un pareil ouvrage, et que son trop d'étendue n'en vînt
compromettre le débit.

Au surplus, l'argent dont il pouvait alors disposer, et qui ne lui venait que d'un suprême sa-
crifice, noblement et spontanément accompli par
sa famille, devait à peine suffire aux dépenses
qu'allaient exiger, même dans ces bornes restrein-
tes, la gravure des dessins et l'impression du texte
dont il se proposait de les accompagner. Ce texte,
partie importante de son œuvre, il n'avait pas osé
d'abord en assumer la responsabilité sur lui seul;
tout en s'en réservant le fond, il voulait en confier
la forme au talent exercé de quelque homme de
lettres. Mais des difficultés de toute sorte, inhé-
rentes à ce genre de collaboration, le forcèrent
bientôt de renoncer à ce projet; et, comme il ne
pouvait guère trouver en Italie ce que son injuste
défiance de lui-même lui faisait chercher dans les

autres, il se décida à devenir écrivain, comme il était devenu savant, par nécessité. Cette pente est, du reste, naturelle à ceux qui s'occupent des choses d'art et d'antiquité ; ils vont insensiblement et presque à leur insu, de l'examen de l'objet à la recherche de l'idée, et de celle-ci à l'étude de la forme qui la recouvre ; logique d'instinct, suivant laquelle un homme d'autant d'esprit et de goût que l'était notre jeune architecte, se trouva nécessairement conduit à prendre pour modèles de style ceux-là mêmes qui lui servaient de guides dans ses jugements.

A l'étude du latin, qu'il n'avait jamais abandonnée, il voulut joindre celle du grec, qui devait puissamment l'aider dans ses recherches et lui donner la clef étymologique d'une foule de termes obscurs dont le texte de Vitruve est rempli. Mais, quel que fût son goût pour cette étude, il s'en cachait, disant qu'un architecte réputé pour savoir le grec devait nécessairement mourir de faim. Ce lui fut toutefois une occasion de s'attacher plus que jamais aux grands écrivains de l'antiquité ; et l'on put s'apercevoir, quand il publia le *Palais de Scaurus*, de quel secours lui avait été, à tous égards, cette lecture habituelle.

Au commencement de **1811**, Mazois quitta Na-

ples pour venir s'occuper, dans sa tranquille retraite du Monte-Pincio, de la gravure de ses dessins, de la mise en ordre de ses planches et de la
composition de son texte. Son premier séjour à
Rome n'avait guère été que de quelques semaines.
Arrivé dans cette ville au mois de décembre 1808,
il en était parti presque aussitôt, un peu à l'aven-
ture, sans dessein arrêté, avec un portefeuille
encore vide et une bourse qui ne pouvait tarder à
l'être; il y rentrait, après deux ans d'absence, le
cœur joyeux et la tête mûrie, rapportant de riches
matériaux près d'être mis en œuvre, et fermement
résolu à obtenir d'un travail opiniâtre la réalisa-
tion de ses légitimes espérances.

C'était sur le travail, en effet, que Mazois avait
voulu fonder son avenir. Tout ce qu'un hasard
heureux pouvait lui apporter de secours et d'appui, il voulait bien le mettre à profit, mais sans
trop y compter, sachant qu'on ne trouve jamais
de ressources assurées qu'en soi-même. Il avait,
certes, quelque mérite à régler sa vie avec cette
décision de jugement, car la fortune ne venait-elle
pas de lui sourire dans les séduisantes avances
d'une faveur royale? Bien jeune encore, il eût pu
s'en laisser éblouir : il n'en parut que plus maître
de lui-même, et que mieux éclairé sur ce qu'on doit

attendre des autres. C'est ce qu'il exprimait en
très-bons termes à son père, dont l'excessive tendresse endormait quelquefois la raison.

« Vous dites que dans la retraite studieuse où
« je viens résolûment de me mettre, protecteurs
« et amis m'oublieront. Oh ! je sais de reste que
« les amis de ce monde oublient ceux qu'ils ne
« voient plus, et que même ils ne font pas grand'-
« chose pour ceux qu'ils voient tous les jours.
« Mais ce serait justement là une raison de plus
« pour me faire chercher dans le travail et la
« retraite ce que j'espère y trouver, l'indépen-
« dance du mérite personnel. Acquérir des titres
« à l'estime de tout le monde pour n'avoir be-
« soin de la faveur de personne, voilà mon idéal,
« cher bon père. Si les protections me viennent,
« tant mieux; si elles me manquent, je veux m'ê-
« tre fait un nom qui puisse m'en tenir lieu.
« N'ai-je pas l'exemple de mon illustre maître,
« qui, fils d'un simple suisse de l'une des portes
« du Louvre, est aujourd'hui le premier homme
« dans son art, et à qui sont venus les honneurs,
« la renommée, la fortune, sans qu'il ait jamais
« fait un pas, lui, pour les aller trouver ? c'est
« qu'il a mis sa force dans le travail. Je veux, à
« son exemple, entrer dans la carrière avec des

« armes bien trempées, et je m'occupe à les for-
« ger. Jamais jeune homme n'a eu l'heureuse
« chance de débuter par un ouvrage comme le
« mien, et je ne crois pas qu'il y ait beaucoup
« d'opérations mieux calculées pour en obtenir
« honneur et profit. N'allons donc rien gâter par
« trop de précipitation, et n'oublions pas qu'il
« n'appartient qu'aux riches de sacrifier aux exi-
« gences du cœur. Le mien est tout aussi doulou-
« reusement affligé que le vôtre de cette longue
« séparation; mais rentrer en France pauvre et
« ignoré, comme j'en suis sorti, sans rien qui
« puisse même rendre ma misère respectable ou
« tout au moins intéressante, ah! cette pensée
« est navrante; tandis que revenir à vous avec un
« commencement de fortune, avec des droits à
« l'estime générale, avec un beau travail achevé
« et l'espérance d'en commencer quelqu'autre
« non moins beau, voilà, mes amis, ce qu'il faut
« que j'obtienne de mes efforts, ou que j'y meure.

« Allons! pas de faiblesse. Si le génie sème,
« c'est le courage qui cultive et la patience qui
« récolte. »

Le couvent de la Trinité-du-Mont, où le directeur
de l'Académie de France avait fait donner un lo-
gement à Mazois, est un vieil établissement dont

l'origine remonte à Charles VIII. Ce prince en avait jeté les fondements lors de son passage à Rome, en 1495, avec affectation spéciale à des religieux français de cet ordre des frères Minimes que venait de créer saint François de Paule. Ruinée par les invasions des différentes armées qui s'étaient successivement emparées de Rome, de 1798 à 1801, cette ancienne maison des Minimes ne servait plus alors d'asile qu'à deux ou trois religieux, tristes débris de la communauté dispersée, et qu'à un nombre à peu près égal d'artistes français, heureux de trouver dans l'indépendance, le calme et l'isolement de cette humble retraite, le genre de vie le plus favorable à leurs habitudes studieuses.

C'est là qu'était venu s'établir avec ses livres, ses dessins et ses notes, notre jeune architecte, et là que je le trouvai encore en 1816, quand commencèrent à se former entre lui et moi des liaisons que rien ne vint jamais troubler et que la mort seule pouvait rompre.

Vers la fin de 1812, après un travail assidu, mêlé de beaucoup de déceptions et de déboires, et durant lequel son esprit à la fois souple et tenace avait dû plusieurs fois suppléer à l'insuffisance des instruments qu'il employait, il se trouva en mesure de faire paraître ses premières livraisons. Le texte en avait été soigneusement travaillé ; et, comme il voulait avec raison que tout fût en parfaite harmonie dans cette publication destinée aux gens de goût en même temps qu'aux artistes et aux savants, ce fut aux frères Didot qu'il en confia l'impression. Il ne lui restait plus qu'à prendre un parti au sujet de sa dédicace. Par respect pour son maître autant que par esprit national il avait d'abord songé à placer son travail sous les auspices de l'Institut de France ; mieux inspiré, il se décida à le mettre aux pieds de S. M. la reine de Naples, par reconnaissance de l'appui qu'il en avait reçu : inspiration du cœur qui faillit toutefois tourner plus-tard à son détriment. La Reine daigna en agréer l'hommage, et, avec non moins de générosité que de grâce, joignit à sa lettre d'acceptation un don de trois mille francs pour venir en aide à son protégé. Cette nouvelle faveur ne manquait pas d'à-propos ; elle contribua à tirer d'embarras le jeune artiste, dont l'inexpérience en affaires avait un peu trompé les calculs et les prévisions : sa première mise de fonds restait audessous de ses besoins. Mais cet embarras même servit à relever son courage, en lui montrant de quelle confiance et de quelle considération il jouissait déjà aux yeux du monde, grâce à la no-

blesse de sa conduite et à l'importance de ses travaux. Le banquier Lavaggi, chargé de lui trans-
mettre les fonds qu'on lui avait jusque-là adressés
de France, apprenant les difficultés qu'il rencon-
trait au début même de son entreprise, lui ouvrit
généreusement un crédit qui, non-seulement ne
devait point porter intérêts, mais pour la garan-
tie duquel il n'exigea d'autres titres que les reçus
de la partie prenante.

« Cela serait grand et beau et généreux par-
« tout, » écrivait Mazois, « mais à Rome c'est tout
« simplement *sublime*. Me voilà, par ce magique
« coup de baguette, hors d'affaire. En même
« temps que ma lettre, arriveront à Paris mes
« planches et mon manuscrit. »

L'apparition des premiers cahiers des ruines
de Pompéi eut, dans le monde savant, un retentissement immense. On ne connaissait guère de
cette ville que le peu qui en avait été publié dans
l'ouvrage fort attardé de l'Académie de Naples;
ce fut donc avec une vive curiosité qu'on accueillit
le travail de Mazois, d'après les débuts duquel il
fut permis d'avance de juger avec quel ordre,
quel soin et quelle exactitude allaient être repro-
duits dans leur ensemble tant et de si précieux
restes d'antiquités, les uns tirés déjà, les autres

près de sortir encore des fouilles de cette ville
disparue depuis dix-sept siècles sous la cendre.
On se plut à reconnaître qu'à l'habileté du dessinateur, qu'à la sagacité de l'érudit, Mazois avait
su joindre les plus solides qualités de l'écrivain ;
que son style, toujours approprié au sujet, était
clair avec précision, souple avec élégance, varié
selon les nuances mêmes du fond, et surtout em-
preint de ce grand goût des auteurs anciens, dans
le commerce intime desquels il s'était habitué à
vivre. Le succès de l'œuvre était donc assuré, et
rien, en effet, ne semblait devoir en entraver la
marche, quand les événements de 1813 éclatèrent.
Aux désastres de nos armées en Allemagne s'était
venue joindre, en Italie, la défection de Murat. Ses
troupes, faisant, en apparence du moins, cause
commune avec les puissances coalisées, étaient
entrées dans Rome sans obstacle, et en avaient
pris possession. Les nôtres cependant n'en étaient
point sorties, et l'on ne savait guère plus à qui
appartenait en réalité le commandement de cette
ville. Beaucoup de Français qui y résidaient alors
comme simples employés ou comme fonctionnaires publics jugèrent à propos d'en partir ; mais
les artistes et les négociants en furent détournés
par une déclaration du général Pignatelli, qui leur

faisait connaître que le roi de Naples les prenait sous sa sauvegarde. Pour donner, au surplus, une idée de l'étrange façon dont les choses se passèrent à Rome en ce moment-là, j'emprunte volontiers de nouveau à la correspondance de Mazois quelques lignes où se trouve comme saisie sur le vif la physionomie de ce curieux événement.

« Murat vient de pactiser, dit-on, avec les enne-
« mis de la France. Jugez de ma douleur à moi
« qui suis son obligé et celui de la Reine, mais
« qui n'en veux pas moins rester bon Français.
« Les Napolitains sont dans Rome au nombre
« d'environ dix mille; et ce qu'il y a de singu-
« lier, c'est que, malgré cela, nos troupes n'en
« sont point sorties. Les uns font la police de la
« ville et gardent les postes; les autres occupent
« le château Saint-Ange. Nos officiers et ceux de
« Murat dînent et se promènent ensemble. Le
« soir, chez la nièce du Roi, je les vois jouer à la
« même table, ou faire de la musique autour du
« même clavecin; et tout cela sans qu'il y ait, en
« apparence, rien de changé dans les relations
« des deux peuples. Tous ceux de nos employés
« qui ont voulu continuer à servir, sont restés en
« place; mais plusieurs ont mieux aimé partir;
« administration et tribunaux fonctionnent donc

« comme à l'ordinaire sous la double protection
« de la force armée française et napolitaine ; si
« bien qu'avant-hier, à l'occasion d'une assez sé-
« rieuse tentative de révolte dans les prisons de
« la ville, on a pu voir nos soldats, unis à ceux
« de Murat, fusillant et sabrant à qui mieux mieux
« les plus forcenés de la bande. Avec le même
« accord, les troupes des deux pays ont ensuite
« fait des patrouilles, durant toute la nuit, pour
« prévenir ou comprimer au besoin le désordre.
« Avec tout cela, le roi de Naples n'en a pas moins
« séparé sa cause de celle de la France, et son
« armée, dit-on, va marcher contre la nôtre, qui
« est sous le commandement du prince Eugène
« dans la haute Italie. Nous assistons là vraiment
« à un bien étrange spectacle, et l'on est tenté de
« dire avec Bazile : *Qui trompe-t-on ici ?* »

Malgré la sauvegarde offerte aux artistes par le
général Pignatelli, un tel état de choses ne pouvait leur inspirer une grande sécurité. Aussi Mazois s'était-il à peu près décidé à quitter Rome
pour rentrer en France, quand il s'en trouva em-
pêché par des considérations analogues à celles
mêmes qui le déterminaient à partir. En effet, au
milieu du bouleversement général qui menaçait
alors l'Italie, voyager n'étant chose ni sûre ni fa-

cile, il ne lui sembla pas plus prudent d'emporter avec lui que de laisser derrière lui ce qu'il appelait, à bon droit, sa petite fortune en germe ; c'est-à-dire cet amas de dessins, de gravures, de planches, d'études et de matériaux de toute espèce, sur quoi se fondaient son avenir et celui de sa famille. Il se détermina donc sagement à attendre ; et comme les circonstances n'étaient nullement de nature à justifier la continuation des doubles frais qu'exigeaient la gravure et l'impression de son ouvrage, il suspendit l'une et l'autre pour ne plus s'occuper, en attendant des jours meilleurs, que de la mise au net de quelques dessins et que des études relatives à la composition de son texte.

C'est dans ces occupations studieuses qu'il passa la fin de 1813 et les premiers mois de 1814. A cette dernière époque, les grands événements qui vinrent tout à coup changer l'état politique de la France n'eurent pas un moindre retentissement en Italie que dans le reste du monde. Ils y causèrent même une sensation d'autant plus vive que l'esprit des populations y est plus ardent, et il fut aisé de prévoir que la rentrée du pape dans ses États deviendrait le prétexte d'ardentes manifestations réactionnaires et peut-être même de scènes regrettables. Aussi beaucoup de Français jugèrent-ils à propos de quitter Rome, au moins provisoirement, pour se soustraire à cette première explosion d'enthousiasme qui pouvait bien ne pas être sans inconvénients pour eux. Mazois, par un sentiment de juste susceptibilité nationale, avait jusque-là respectueusement éludé les bienveillantes propositions de la reine de Naples au sujet de son retour auprès d'elle; mais en cette circonstance, croyant pouvoir accepter la généreuse protection qui lui était toujours offerte, il partit, bien résolu toutefois à ne pas rester longtemps éloigné de sa calme retraite du Monte-Pincio, et comptant, quelque court que dût être ce voyage, le faire encore tourner au profit de son travail sur Pompéi. A peine arrivé à Naples, il y apprit la mort de sa mère. Ce nouveau coup qui venait le surprendre au milieu de ses espérances troublées et de ses travaux compromis, au moment même où, pour supporter ses revers de fortune, il aurait eu le plus besoin de son courage, fut bien près de l'abattre. Il perdait dans sa mère le véritable stimulant de son ardeur au travail; car c'était par orgueil pour elle qu'il voulait illustrer sa carrière, et dans l'espoir de lui rendre les douceurs de l'aisance, qu'il avait voulu associer à son œuvre

d'art une idée commerciale; il semblait qu'il n'y
eût plus désormais de but à ses efforts. Son vieux
père cependant lui restait; il se résolut à l'aller
rejoindre, ne fût-ce que pour pleurer avec lui. La
reine Caroline avait le cœur bon. Elle fut touchée
de cette affliction si profonde; et comme elle
avait besoin d'envoyer en ce moment-là quelqu'un
à Paris avec une mission de confiance, elle pro-
posa à Mazois de s'en charger. C'était, par un
moyen indirect, plein de délicatesse, le distraire
de ses tristes pensées, et lui fournir, en outre, les
moyens de faire, avec promptitude et commodité,
un voyage qui, de toute autre façon, eût été pour
lui onéreux.

Après une séparation qui durait depuis près de six
ans, le père et le fils se retrouvèrent à Paris, mais
ne purent y passer que bien peu de jours ensemble; car, une fois son message accompli, Mazois
avait pour instruction de retourner immédiate-
ment à Naples. La Reine, satisfaite de ses services,
voulut le retenir auprès d'elle; il préféra rentrer
dans sa cellule du couvent des Minimes à Rome.
Les encouragements qu'il avait recueillis à Paris
comme à Naples avaient relevé son courage, et, con-
fiant dans l'appui que semblaient lui promettre désormais l'un et l'autre pays, il se remit avec ardeur

au travail. Mais ce ne fut encore là qu'une espérance déçue. La tourmente politique de 1815 lui fut bien autrement préjudiciable que celle de l'année précédente. Il se voyait privé tout à coup, par le rétablissement des Bourbons sur le trône de Naples, de sa protectrice, de la pension qu'il en recevait, peut-être même des moyens de compléter désormais son œuvre ; car pouvait-il raisonnablement se flatter qu'une publication commencée sous les auspices d'une sœur de Napoléon trouvât jamais faveur auprès du roi Ferdinand ? Ce doute cruel, joint au mauvais état où se trouvaient ses affaires, lui faisait dire dans une lettre adressée à M. de Clarac : « Je suis entre deux extrémités « également pénibles, mourir de honte si j'abandonne mon ouvrage, ou mourir de faim si je le « continue. » Et pourtant dans cette entreprise se trouvaient engagées, avec son honneur, toutes les ressources dont il avait pu disposer jusqu'alors ; il ne pouvait donc y renoncer sans tenter une lutte suprême : c'est ce qu'il fit. Et il y a plaisir vraiment à voir avec quelle vaillante opiniâtreté et quelle confiance en lui-même il affronte en définitive la mauvaise fortune.

« La foudre vient de tomber sur Naples, écrivait-il au mois de juin 1815 ; elle a frappé mes

« protecteurs et dispersé mes amis; mais il me
« reste mon courage, mon intelligence et mon
« amour pour vous; c'est plus qu'il n'en faut
« pour surmonter les nouveaux obstacles dont
« semble se hérisser mon chemin. Je n'ai plus
« d'argent, à la vérité, ce qui rend ma situation
« fort critique; et je me vois, du même coup,
« privé de ma pension et de mes plus fermes ap-
« puis. Eh bien! il faut espérer que le ciel m'en
« suscitera d'autres. Est-ce qu'il abandonne ja-
« mais ceux qui, comme moi, ne forment que des
« vœux légitimes? En attendant, il faut me venir
« en aide, et tâcher de me procurer des capitaux
« sans contracter de nouvelles dettes. Il n'y a
« qu'un moyen pour cela, c'est de vendre la petite
« maison qui nous reste. Mon ouvrage, dont le
« succès est désormais assuré, nous sera d'un bien
« meilleur produit que cet immeuble chétif qui
« périclite. Sachez, au surplus, que le moindre
« retard dans la publication de mon œuvre peut
« avoir pour nous des conséquences fatales; et
« écoutez, à ce propos, ce qui a failli m'arriver.

« Il y a ici un jeune architecte anglais, nommé
« Robert Cockerel *, qui vient de faire un long
« voyage en Orient. Après avoir parcouru en tout

* M. R. Cockerel est devenu l'un des architectes les plus juste-

« sens l'Asie Mineure et la Grèce, il a visité, en
« artiste habile, en homme instruit, la Sicile et le
« royaume de Naples, où il a recueilli de nom-
« breux et intéressants matériaux. Ayant appris
« de quoi je m'occupe, il est venu me voir. Nos
« goûts nous ont d'abord rapprochés; bientôt
« nos sentiments nous ont liés ; aujourd'hui nous
« sommes les meilleurs amis du monde. Oh !
« l'amitié des honnêtes gens n'est pas seulement
« une douceur, elle est aussi un bienfait, comme
« vous allez le voir. M. Cockerel, avec une grâce
« infinie, m'avait proposé ses bons offices pour le
« placement de mon ouvrage en Angleterre, lors-
« qu'il y serait de retour; un heureux hasard a
« permis qu'il pût, en attendant, me rendre ici
« un service plus grand encore. Son maître,
« homme riche, important et bien posé à Londres
« en sa qualité d'architecte de la cour, lui a écrit,
« pour lui dire qu'ayant formé le projet de faire
« dessiner et mesurer les ruines de Pompéi, en
« vue d'une grande publication qu'il comptait
« entreprendre, il le priait d'organiser ce travail
« et d'en accepter la haute direction. Ah! mes

ment renommés de la Grande-Bretagne, et, depuis plusieurs années
déjà, il fait partie de l'Institut de France, comme membre associé
étranger.

« bons amis, quel coup on nous préparait là dans
« l'ombre ! Cockerel, en homme loyal et bon,
« s'est empressé de répondre que les ruines de
« Pompéi, dessinées, comparées, expliquées avec
« autant de soin que de talent, avaient, depuis
« près de deux ans, commencé de paraître ; qu'il
« était fâcheux que l'Angleterre l'ignorât, quand
« la France et l'Italie le savaient ; qu'au surplus
« moins à lui qu'à personne au monde il pouvait
« appartenir de mettre la main dans cette nou-
« velle opération, attendu qu'il aimait et esti-
« mait beaucoup l'auteur de la première, et que,
« ne voyant dans une pareille concurrence que
« ruine et désastre des deux parts, il était de son
« devoir de le dire et de son honneur de n'y point
« contribuer.

« Quant au résultat il a été double : aban-
« don de tout projet de publication en Angle-
« terre, et souscription de l'architecte de la cour
« à mon ouvrage.

« Après ce trait providentiel, et quoiqu'il y ait
« bien dix pieds d'eau pour le moment dans
« ma cale, je ne me sens nullement d'humeur à
« abandonner le gouvernail ni la pompe : j'ai foi
« dans mon avenir. »

Sa confiance ne fut pas trompée. Il avait pour

voisin de cellule, au couvent des Minimes, Mgr l'é-
vêque d'Ortosia, alors auditeur de rote pour la
France. Ses liaisons avec ce prélat ne tardèrent pas à
le faire connaître de tout le personnel de l'ambassade de France à Rome. Mazois, comme je l'ai déjà
dit, exerçait en général sur ceux avec qui il vivait
une séduction dont la source était bien moins dans
son mérite que dans son caractère. Il plut infini-
ment à notre ambassadeur, M. de Pressigny, ancien évêque de Saint-Malo, qui le prit en grande
estime et en grande amitié. Ce fut par son entremise que M. le duc de Narbonne Pelet, alors représentant de la France auprès du roi de Naples,
obtint de la bienveillance particulière de ce
prince que la souscription consentie par l'ancienne
cour en faveur de l'œuvre de Mazois lui fût con-
tinuée.

Bien des protecteurs se fussent tenus pour sa-
tisfaits après un pareil résultat; M. de Pressigny
n'en prit qu'avec plus de chaleur les intérêts de
son protégé. Il trouvait qu'il y avait bien mieux
à faire que de souscrire à la publication d'un
ouvrage tel que les *Ruines de Pompéi*, c'était de ne
pas s'opposer à ce qu'il s'achevât. Or, le gouvernement napolitain voulait précisément qu'il ne pût
s'achever, et pour cela il n'avait eu qu'à étendre

à l'ancien dessinateur du cabinet de la Reine la mesure de rigueur qui interdisait l'entrée du royaume à tous les fonctionnaires du régime déchu. A ce titre, Mazois ne pouvait plus retourner à Naples, et Pompéi restait désormais fermé pour lui.

On peut aisément se figurer le nouveau genre de supplice auquel il se trouvait par là condamné. Avoir conçu une grande entreprise et s'être dignement préparé à la mener à bonne fin, en avoir su habilement vaincre les difficultés, assurer la marche, préparer le succès, et tout près de recueillir le fruit de tant de soins, voir son labeur et son argent perdus, ses efforts rendus vains, ses espérances jetées au vent, c'était une trop juste cause de douleur pour que ceux qui en étaient confidents ne cherchassent pas à y porter remède. Malheureusement, toutes les tentatives faites à cet égard par M. de Pressigny auprès du marquis de Fuscaldo, alors ministre de Naples à Rome, étaient restées jusque-là infructueuses; les barrières ne s'abaissaient pas. Une année s'était ainsi écoulée en sollicitations pressantes, mais inutiles d'une part, et de l'autre en refus polis, mais persistants; lorsqu'une circonstance inattendue, dont l'ambassadeur de France sut tirer adroitement parti, vint changer la face des choses. On était au mois d'avril 1816, époque du mariage projeté entre Mgr le duc de Berri et la princesse Caroline de Naples ; M. de Pressigny, chargé de demander au Saint-Siége des dispenses pour ce mariage, les ayant obtenues, fit appeler Mazois, et lui dit : Voici des dépêches qui sont impatiemment attendues par M. le comte de Blacas, chargé d'une mission extraordinaire auprès du roi de Naples. Voulez-vous partir comme courrier de cabinet pour les lui porter ? Avec ce titre vous ne rencontrerez nul obstacle et pourrez arriver droit chez notre ambassadeur M. le duc de Narbonne. Mais mon pouvoir ne va malheureusement pas plus loin ; une fois là, ce sera à vous d'user d'autant d'esprit et d'adresse que vous en saurez avoir pour pénétrer de nouveau jusqu'à Pompéi. Je vous recommande, du reste, aux bontés de M. de Blacas qui est l'ami du Roi.

Grâce à ce hardi stratagème du bon évêque de Saint-Malo, Mazois put, en effet, arriver à Naples sans encombre, et une fois au cœur de la place, sut bientôt s'y ménager des appuis. MM. de Narbonne et de Blacas goûtèrent son esprit et son mérite comme l'avait fait M. de Pressigny lui-même, et l'un et l'autre lui donnèrent de si publics témoi-

gnages d'estime et d'affection , que les ministres de
S. M. Sicilienne ne savaient plus comment prétex-
ter de leurs défiances politiques à son égard, en
présence du significatif patronage que lui accor-
daient publiquement les représentants officiels
du chef de la famille des Bourbons. Sa cause ne
pouvait cependant être regardée encore comme
gagnée, lorsque, par un caprice fortuit ou peut-
être ingénieux, Mme la duchesse de Narbonne, qui
était fort bossue, mais. spirituelle à l'avenant, en
-vint pleinement assurer le succès. Elle n'avait
point encore visité Pompéi. Il lui plut d'y aller
ostensiblement accompagnée de Mazois; et, comme
elle fut, dès le premier jour, tout aussi charmée
de l'aimable érudition de son cicérone que de
l'aspect intéressant de la ville, elle y retourna
plusieurs fois avec lui. Puis un soir, à la cour,
ayant trouvé adroitement occasion d'entretenir
le vieux roi Ferdinand du plaisir que lui avaient
procuré ces excursions et du vif intérêt que lui
avait inspiré son guide, elle le fit avec une telle
mesure et un tel esprit d'à-propos, que, dès le
lendemain, le ministre de l'intérieur eut ordre de
lever l'interdiction opposée au travail de Mazois.
Celui-ci mit bien vite à profit l'autorisation qui lui
était accordée ; et après avoir, avec son assiduité

habituelle, consacré une vingtaine de jours aux études dont il avait besoin, il s'en revint à Rome, où semblait luire enfin à ses yeux un avenir plus serein. L'argent, ce grand mobile de toutes les choses humaines, lui manquait encore toutefois, et c'était là pour lui un reste de souci. Mais les mêmes causes qui lui avaient fait perdre ses protecteurs à Naples, lui avaient procuré des appuis nouveaux à Paris. La France, dont il n'avait jusque-là rien obtenu, allait lui venir en aide. M. Decazes avait parlé des *Ruines de Pompéi* au roi Louis XVIII. Ce prince, comme son aïeul Louis XIV, aimait les savants, les artistes et les gens de lettres. Il permit qu'on lui présentât l'ouvrage, et, après l'avoir attentivement parcouru, voulut qu'on en complimentât l'auteur; ordonnant en outre que, par une souscription convenable, portée au budget de sa maison, on encourageât un artiste dont les travaux honoraient la France. M. Decazes ne borna pas là ses bons offices; grâce à son amicale entremise, Mazois obtint encore, à titre de souscriptions, d'utiles encouragements du ministre de l'intérieur et de celui des affaires étrangères. L'eau, comme on dit vulgairement, revenait au moulin.

Sur ces entrefaites, une mutation s'était opérée

dans le personnel de l'ambassade de France à
Rome. M. de Blacas, une fois le mariage du duc
de Berri conclu , avait remplacé M. de Pressigny
près le Saint-Siége. Ce ne fut heureusement pour
Mazois qu'un changement de protecteur et d'ami.
La bienveillance affectueuse qu'avait pour lui
Mgr l'évêque de Saint-Malo, il la retrouva dans M. de
Blacas, qui ne tarda pas à lui en donner une mar-
que certaine. Il y a, tout auprès du couvent des
Minimes, à *Monte-Pincio*, une église française qui,
jusqu'à la fin du siècle dernier, avait, à juste titre,
passé pour l'une des plus riches de Rome. Mais
les armées de la République, celles de Naples,
d'Autriche et de Russie, aidées quelque peu des
révolutionnaires romains eux-mêmes, l'avaient
successivement mise au pillage. De toutes les
œuvres du Pérugin, de Périn del Vaga, de Jules
Romain, de Zuccheri et même de Daniel de Vol-
terre, qui avaient fait autrefois le principal or-
nement de cette église, il ne lui restait plus que
la fameuse Descente de croix de ce dernier maître,
l'une des trois merveilles, au dire du Poussin,
qu'ait produites l'École italienne; et encore ce
tableau précieux se trouvait-il alors relégué dans
une salle-basse obscure, où le chanci causé par
l'humidité et la poussière achevait peu à peu de

le détruire. A toutes ces causes de ruine un
tremblement de terre s'étant joint, une partie de
la voûte avait croûlé, entraînant des portions
d'entablement avec elle, et d'énormes crevasses
qui s'étaient produites de bas en haut sur tous
les murs de l'édifice, en compromettaient la soli-
dité. M. de Pressigny lui-même avait depuis longtemps compris qu'un tel abandon était chose
honteuse pour la France ; mais il n'avait pas les
moyens d'y remédier ; le nouvel ambassadeur,
plus riche et plus en crédit, voulut y mettre fin
par une restauration générale, qu'il chargea Mazois d'exécuter. A cette occasion était née dans
l'esprit de M. de Blacas, comme dans celui de son
architecte, une pensée noble et généreuse, celle
d'appliquer une part des fonds destinés aux
travaux de l'église, à des commandes de peintures dont l'exécution devait être exclusivement confiée aux artistes français qui se trouvaient alors à
Rome. M. Ingres était du nombre, et c'est à cette
circonstance qu'est dû son tableau de Jésus-Christ
remettant les clefs du Paradis à saint Pierre. Ce
magnifique ouvrage fait aujourd'hui partie de
la collection du Luxembourg. Il est aisé de comprendre qu'on ait été jaloux d'y voir figurer cette
œuvre capitale d'un des plus grands peintres de

l'École française. Mais est-on bien sûr de n'avoir
pas faussé par là l'intention du donateur ; et n'est-
il pas d'ailleurs regrettable que, pour enrichir nos
musées de Paris, déjà si riches, on ait dépouillé
sans scrupule un établissement français noblement et pieusement restauré, sur le sol étranger,
par des mains françaises ?

Quoi qu'il en puisse être de ce préjudice porté
à l'église des Minimes de Rome, Mazois, par la
manière habile, prompte et économique avec
laquelle il conduisit la restauration de cet édifice, n'entra que plus avant dans la confiance et
la faveur de M. de Blacas, à qui il fut bientôt redevable de pouvoir montrer, sous des aspects nouveaux, la souplesse et la variété de son talent. Ce
fut la visite du roi Ferdinand à son frère le roi
Charles IV à Rome qui en devint l'occasion. Ces
deux princes de la maison de Bourbon ne s'étaient
point revus depuis leur jeunesse. En qualité de
représentant de la branche aînée auprès du Saint-
Siége, l'ambassadeur de France voulut fêter avec
éclat la réunion de ces deux têtes couronnées dans
la métropole de la catholicité. Carte blanche fut
en conséquence donnée par M. de Blacas à son
architecte, dont une si noble façon d'agir ne fit
que stimuler davantage l'esprit d'ordre en même

temps que le génie inventif. La villa Médici, qu'on avait mise à sa disposition, fut en peu de jours transformée, comme par un coup de baguette, en un véritable jardin d'Armide, où se trouvèrent conviés, avec l'élite de la société de Rome, tous les étrangers de marque qui étaient alors dans cette ville. Le bon goût, l'élégance, la suprême distinction de cette fête, encore plus que sa magnificence, en firent le succès ; et le juste retentissement qu'elle obtint, vint cette fois tirer tout de bon Mazois de cette classe d'antiquaires et d'écrivains savants dans laquelle plus d'un confrère jaloux s'était jusque-là appliqué à le reléguer. A Rome, comme à Portici, il venait de se montrer à la fois homme d'action et artiste. Ses preuves à cet égard étant faites, il n'en revint qu'avec plus de confiance à ses études et qu'avec plus d'ardeur à ses livres. Il en avait plus d'un alors sur le métier. Des recherches immenses qu'avaient exigées les *Ruines de Pompéi* étaient nés tout naturellement la pensée, le plan et l'exécution du *Palais de Scaurus*. Cet ouvrage, où la plus solide érudition se dérobe sous des formes aussi gracieuses qu'attrayantes, fut le fruit des loisirs forcés et souvent douloureux auxquels Mazois s'était vu condamné par les interruptions ap-

portées dans son grand travail. Et pourtant rien
n'y trahit jamais ses cruelles préoccupations.
L'allure en est dégagée, le style ferme et élégant,
la pensée noble, grave et sereine. En aucun autre
écrit autant qu'en celui-là, il n'a montré l'agrément de son esprit, la sûreté de son goût, la
finesse de son jugement. Fidèle aux préceptes de
cette belle antiquité dont il semble s'être surtout
inspiré dans l'exécution de cette œuvre charmante,
il a su, toujours à propos, y sacrifier aux grâces et
mêler habilement à ses récits les plus familiers,
à ses peintures les plus légères, l'expression des
sentiments les plus dignes et les plus élevés. Si la
forme en est imitée de celle d'Anacharsis, comme
on a pu depuis le dire de tant d'autres, au moins
faut-il reconnaître que de tous les ouvrages du
même genre il n'en est point où la fiction se
trouve plus fermement établie sur la réalité, et
où la physionomie des anciens soit reproduite
d'une façon plus vraie et plus saisissante. Il n'y a
pas, dans ce livre, une page, je dirais presque un
alinéa, dont le fond n'appartienne en propre à
Vitruve ou à Varron, à Lucrèce ou à César, à
Horace ou à Suétone, à Plaute ou à Cicéron, à
Pline ou à Juvénal, en un mot à tous les grands
écrivains de Rome. Ce sont bien véritablement

eux qui parlent et qui décrivent ; les innombrables citations sur lesquelles s'appuie le texte en font foi. Et cependant de ce luxe d'érudition ne résulte, on doit le dire, qu'une plus juste confiance inspirée au lecteur, sans qu'il en éprouve jamais ni trouble ni interruption dans le plaisir qui lui vient de cette peinture si parfaitement achevée des mœurs et des usages des anciens. L'art extrême avec lequel a été composé cet ouvrage de si peu d'étendue explique du reste le genre de succès qu'il obtint à son apparition en France et même à l'étranger ; succès littéraire autant qu'archéologique, pour le moins, et qui avait plutôt sa source dans la finesse d'observation et le gracieux tour d'esprit de l'auteur, que dans l'ordre et le soin avec lesquels il avait su recueillir et grouper tant de curieuses recherches sur l'antiquité.

Quand le premier volume des *Ruines* fut achevé, Mazois eut la pensée d'aller lui-même offrir au roi Louis XVIII l'exemplaire qui lui était destiné. Il y était d'ailleurs encouragé par les deux meilleurs amis qu'eût alors ce prince, MM. Decazes et de Blacas, auprès desquels il avait su trouver une égale faveur, bien qu'ils fussent ouvertement ennemis l'un de l'autre. Sous ce double patronage un bon accueil lui semblait assuré à la cour : il

crut pouvoir en tenter les abords. Son *Palais de
de Scaurus* étant également prêt à paraître, il vit
dans cette circonstance un motif de plus pour
venir à Paris. Mais une autre raison, et la plus im-
périeuse peut-être, quoique la moins avouée, le
déterminait encore à entreprendre ce voyage. Il
avait depuis dix ans quitté son pays; il lui tar-
dait d'y rentrer pour se rapprocher de ses amis,
pour vivre au milieu de sa famille. Jusque-là,
campé en quelque sorte sous la tente, il n'avait
jamais pu songer à un établissement sérieux et
définitif; il voulut venir le chercher en France, où
devant son nom déjà si honorablement connu,
semblait devoir s'ouvrir désormais pour lui une
carrière facile. L'Italie n'avait guère plus rien
à lui offrir; ses documents sur Pompéi étaient,
sinon complets, du moins au niveau des découvertes les plus récentes; il lui était donc loisible
d'achever son œuvre aussi bien à Paris qu'à
Rome. Parti de cette dernière ville vers la fin de
1818, il alla directement à Bordeaux, où il passa
quelques semaines auprès de son père, et de là il
se rendit à Paris. Plus d'un bonheur l'y atten-
dait; mais ce fut assurément celui qu'il avait le
moins prévu qui l'y retint et qui décida de son
sort.

Trop absorbé par ses travaux ou trop maîtrisé peut-être par les événements, Mazois n'avait jamais voulu ni s'occuper lui-même, ni qu'on s'occupât pour lui d'aucun projet de mariage. En changeant de position, il changea d'idées, ce qui arrive aux plus sages. M. Decazes, alors ministre de l'intérieur, venait de le nommer inspecteur général et membre du conseil des bâtiments civils. C'était débuter par où bien d'autres se seraient estimés heureux de finir. Mais l'éclatant succès du *Palais de Scaurus* et les récents éloges qu'avait obtenus de la quatrième classe de l'Institut le premier volume des *Ruines de Pompéi,* justifiaient de reste une telle faveur. Le spirituel ministre de qui elle émanait, entendant parler devant lui, avec une certaine affectation, de la trop grande jeunesse du nouveau titulaire, se contenta de dire : *Il a mon âge.* L'importance de ces nouvelles fonctions, l'amitié du ministre à qui il en était redevable, les espérances qu'il pouvait fonder sur cette amitié même, enfin le retentissement qui commençait à s'attacher à son nom, et dont il lui était permis d'attendre quelques avantages pour sa fortune, tout semblait l'autoriser, en ce moment, à diriger ses vues vers ce qu'on est convenu d'appeler un beau mariage; il

eut le bon esprit de ne vouloir qu'un mariage
heureux.

Justement épris d'une de ses jeunes parentes en
qui se trouvaient réunis les dons naturels les plus
charmants et les agréments acquis les plus rares,
il la demanda en mariage, et l'obtint. C'était la
fille cadette de M. Alexandre Duval, de l'Académie
française. Cette union ne fut contractée toutefois
que l'année suivante, au retour d'un dernier
voyage que Mazois dut faire en Italie, au mois de
septembre 1819, en vue de régler les intérêts
qu'il avait encore dans ce pays et de n'y rien
laisser qui ne pût être conduit désormais aussi
bien par des correspondants que par lui-même.
Mais des difficultés sans nombre et plus d'une
amère déception l'attendaient à Rome et surtout
à Naples. Le ministère venait d'y être changé.
Aux hommes dont les dispositions lui étaient de-
venues peu à peu favorables avaient succédé des
inconnus dont l'indifférence ne pouvait que
lui être nuisible. Il trouvait en outre l'ambassadeur de France malade, son libraire mort, les
exemplaires des *Ruines* qu'il avait mis en consi-
gnation chez ce dernier, dispersés ou vendus au
profit de la succession. Enfin, tout lui tournait à
mal, jusqu'à la permission de faire de nouvelles

recherches à Pompéi qui faillit lui coûter la vie.
Mais, comme de coutume, rien ne put abattre son
courage ni altérer sa bonne humeur. Voici le
gai récit qu'il fait lui-même de cet événement
dans une lettre adressée, le 4 novembre 1819,
à Mlle Duval :

« Je me suis vu déjà bien souvent précipité
« du plus haut de mes espérances ; mais, sem-
« blable à la balle élastique qui se relève avec
« d'autant plus de force qu'elle a été jetée à terre
« plus violemment, je me retrouve, après cha-
« cun de mes petits revers de fortune, dans une
« position meilleure qu'auparavant. C'est, comme
« vous le voyez, presque jouer à qui perd gagne ;
« aussi ne veux-je désespérer de rien. Cependant
« à ce jeu étrange, l'autre jour, j'ai failli vous
« perdre, et eussé-je dû y gagner le paradis, n'en
« déplaise à Dieu, je n'aurais pas volontiers pris
« en échange l'un pour l'autre.

« Figurez-vous que j'étais à Pompéi, juché sur
« un mur étroit et ruiné, d'environ neuf à dix
« pieds de hauteur. Le voilà tout à coup qui s'é-
« branle, s'écroule et m'entraîne avec lui tête en
« bas, droit sur le pavé de marbre antique. Je
« n'aurais pas dû m'en relever, tant la chute était
« rude ; mais je commence à croire que j'en vais

« être quitte pour deux ou trois côtes enfoncées
« et quelques déchirures peu graves au front, au
« menton et aux lèvres. Ce ne sera, ma foi, pas
« trop, vu les circonstances. Et pourtant, à part les
« charmantes douceurs que me promet désormais
« la vie de moitié avec vous, je dois dire que je ne
« retrouverai jamais si belle occasion de mourir,
« ni lieu aussi propice à me faire enterrer. Car
« deux sépultures se fussent ainsi trouvées véri-
« tablement à leur place, en ce monde ; celle de
« Bouillon à Jérusalem et la mienne à Pompéi. »

C'était rester jusqu'au bout dans son rôle et
faire spirituellement ses adieux aux lieux mêmes
qui avaient servi si longtemps de théâtre à ses
travaux comme à ses succès, à ses luttes comme à
ses triomphes. Mieux qu'à personne, en effet, il
était permis à Mazois de croire que son nom res-
terait glorieusement inscrit dans l'histoire de ces
champs phlégréens où, depuis plus d'un siècle,
le génie moderne dispute à l'action destructive du
temps les derniers vestiges du génie antique.

De retour à Paris, au commencement de 1820,
il appela auprès de lui son vieux père, et s'em-
pressa de former l'union qu'il avait projetée. Mais,
bien qu'il n'eût cherché dans cette union que le
bonheur, il crut prudent d'en vouloir établir la

durée sur l'aisance. Or, comme les fonctions de membre du conseil des bâtiments étaient, à cette époque, incompatibles avec le titre d'architecte du gouvernement, force lui fut de chercher dans les travaux particuliers des avantages et des profits qu'il ne pouvait trouver dans les travaux publics. Parmi ceux dont l'exécution ne tarda pas à lui être confiée, on doit mentionner trois ou quatre maisons élégantes construites dans le quartier François Ier, ainsi que l'hôtel de Blacas et les deux grands passages de *Choiseul* et *Saucède.*

Faisant, du reste, marcher de front ses travaux nouveaux et ses études habituelles, il put, grâce à l'infatigable activité de son esprit, satisfaire à toutes les obligations que lui imposait son grand ouvrage et trouver encore assez de loisir pour publier, dans divers recueils périodiques français et italiens, plusieurs articles intéressants relatifs à des questions archéologiques. Vers ce même temps parurent, dans le premier volume du *Théâtre complet des Latins*, ses *Considérations sur la forme et la distribution des théâtres antiques ;* petit essai plein d'érudition pratique, par lequel il semblait avoir voulu préluder au travail plus étendu qu'il se proposait d'entreprendre sur les constructions théâtrales et les jeux scéniques des Romains,

comme il venait de le faire d'une façon si intéressante sur leurs mœurs et leurs habitations particulières, dans le *Palais de Scaurus*. Malheureusement, la mort ne lui laissa pas le temps d'écrire
cette seconde partie du Voyage de Mérovir.

La fin de Mazois fut toutefois plutôt préma-
turée qu'imprévue. Plusieurs indices du mal qui
devait l'emporter étaient déjà venus frapper ses
amis et l'avaient aussi préoccupé lui-même, sans
qu'il se fût, pour cela, résigné à jamais prendre
le repos dont il avait besoin. Il croyait délasser
son esprit en variant ses occupations; ce n'était
en réalité qu'un changement de fatigue. Mais il
avait l'incurable ambition du travail, et peut-être
aussi un peu celle des légitimes distinctions qu'il
procure. Au mois d'août 1823, le roi Louis XVIII le
nomma chevalier de la Légion d'honneur, faveur
qui parut tardive, surtout après les suffrages
hautement accordés par ce prince aux publica-
tions de Mazois. Dans le courant de cette même
année, il se présenta, pour la première fois, à
l'Institut, où la mort de l'architecte Heurtier laissait une place vacante.

Le nombre et la nature des travaux dont il s'é-
tait jusqu'alors occupé, le succès qui les avait
couronnés tous, les mérites rares et divers dont ces

travaux témoignaient, tout semblait présager un accueil favorable à sa candidature. Elle échoua cependant, et non-seulement cette fois mais encore dans deux autres élections qui eurent lieu en 1824 et en 1825. Il crut voir, dans cette persistante préférence accordée à ses compétiteurs, quels qu'ils fussent, une sorte de parti pris à son égard, contre lequel il résolut de ne point se heurter davantage. C'était assurément se méprendre sur l'esprit d'un corps qui, quoi qu'il arrive, ne peut jamais être dirigé que par des motifs avouables ; mais il ne pouvait s'abuser, à vrai dire, sur certaines inimitiés implacables qui, en souvenir d'anciens et profonds dissentiments politiques, usaient au dehors comme au dedans de l'Institut des plus indignes moyens d'influence pour paralyser les bonnes dispositions de ses amis et dénaturer ses titres. Ne pouvant nier la valeur de ses travaux, on les voulait du moins faire tenir pour étrangers à ceux que l'Académie des Beaux-Arts doit récompenser de ses suffrages. C'était pure chicane envers un homme qui, à tous égards, avait certes plus de droits qu'il n'en fallait pour entrer honorablement en compétition avec qui que ce fût. Mais toute discussion est oiseuse devant les résultats d'un scrutin. Ce qui put dédommager un peu Mazois de cette triple défaite, ce fut le mot piquant de M. Villemain : « La quatrième classe ne veut pas de vous, lui dit-« il? que ne vous présentez-vous à la nôtre? » — Peut-être bien, en effet, était-ce parce qu'il aurait pu siéger dignement à côté de l'illustre académicien, que l'auteur des *Ruines de Pompéi* et du *Palais de Scaurus* ne pouvait parvenir à s'asseoir auprès de certains architectes et peintres dont les noms et les œuvres sont aujourd'hui également en oubli.

Que beaucoup de succès excite un peu d'envie, c'est chose trop ordinaire pour qu'on doive s'en étonner ou s'en plaindre ; ce qui l'est moins, c'est de rencontrer des persécuteurs dans ceux mêmes qu'on a obligés, c'est de découvrir des traits de perfidie là où l'on comptait trouver des marques d'amitié. Tristes déceptions qui auraient pu décourager un cœur moins généreux que celui de Mazois ; mais le sien, toujours plus prompt à s'attendrir qu'à s'irriter, continua d'aller, par inclination naturelle, vers ceux qui semblaient avoir besoin de lui. L'ingratitude de quelques hommes avait pu le navrer, non le changer ; et il demeura jusqu'à la fin serviable quand même.

Lors du sacre de Charles X, en 1825, bien que
rien ne semblât le désigner au choix de la cour,
si ce n'est pourtant son mérite, Mazois se trouva
tout à coup chargé de la difficile mission d'appro-
prier les bâtiments de l'archevêché de Reims à la
réception du Roi et de sa suite. Le temps pressait;
il s'agissait de faire vite et bien ; on put donc
croire que M. le duc de Blacas, qui était alors
premier gentilhomme de la chambre, s'était volontiers souvenu des tours de force de son architecte à Rome. Ces bâtiments étaient presque en
ruines. Il fallut, sinon en refaire la charpente, du
moins la receper en entier, et lui donner des sup-
ports nouveaux ; distribuer les eaux d'une façon
plus commode et plus abondante ; agrandir la salle
de banquet ; en corriger les irrégularités ; la dé-
corer avec goût et magnificence, tout en s'y con-
formant au style de l'époque, clairement indiqué
par une vaste cheminée qui porte la date de 1499,
et qui est encore ornée des armes du cardinal
Briçonnet. Il n'y eut pas moins de quatre cents
ouvriers, sans relâche occupés, durant tout un
mois, à ce travail de reconstruction et de décora-
tion. Un autre monument plus ancien encore, la
fameuse abbaye de Saint-Remi, dont les fondements furent jetés vers le milieu du dixième siècle,

se trouvait aussi, à l'époque du sacre, dans un tel état de dégradation qu'il y avait nécessité absolue et urgente de le démolir ou de le reconstruire. L'insuffisance des ressources municipales l'aurait laissé périr : la munificence royale le sauva; et l'habileté de l'architecte seconda si bien les nobles inspirations du prince, qu'au jour convenu, le chapitre des ordres put venir en grande pompe à Saint-Remi, et avec tout le cérémonial d'usage, tenir sa séance traditionnelle dans cette antique abbaye de fond en comble restaurée.

En toutes choses, du reste, on semblait opérer avec la même grandeur et la même célérité. Il n'y eut pas un seul des services de la maison du Roi qui, pour ces trois ou quatre jours consacrés à la cérémonie du sacre, n'obtînt son établissement spécial comme pour une résidence définitive. On pouvait se croire reporté aux fastueuses époques de Louis XIV ou de Louis XV ; qu'on en juge par ce seul fait que je tire encore de la correspondance de Mazois : « Si j'en ai heureusement fini avec les « appartements du Roi et de la cour, écrivait-il « de Reims, je n'en puis dire autant des écuries. « J'avais cru, dans le principe, n'en avoir besoin « que de dix-neuf; il m'en faudra quarante-trois, « dont la plus petite devra contenir dix chevaux

« et la plus grande deux cent cinquante , réparties
« dans les divers quartiers de la ville. N'est-ce
« pas à en perdre la tête? Or, comme ce n'est
« guère à pied qu'on peut suivre de pareils tra-
« vaux et faire les tournées de surveillance qu'ils
« exigent, on vient de mettre à ma disposition
« une assez honorable monture ; et ce n'est , ma foi,
« que justice : un architecte doit être à cheval
« qui bâtit pour des chevaux. »

Si en même temps qu'il lui fallait satisfaire à de
telles nécessités de service, il eût encore voulu
écouter toutes les réclamations plus ou moins fon-
dées que lui adressaient journellement les divers
officiers de la maison du Roi, il se fût jeté dans une
véritable impasse. Aussi prit-il résolument son
parti, et ne fit-il que ce qui lui parut juste et néces-
saire. Mais, grâce à son savoir-vivre exquis et à
son inépuisable esprit de ressource, il parvint toutefois à donner satisfaction au plus grand nombre et à ne mécontenter personne. C'est de quoi le
complimenta Charles X avec cette grâce parfaite
qu'il mettait dans ses moindres paroles. « Ce que
« vous avez fait pour moi, M. Mazois, lui dit-il, est
« charmant et du meilleur goût ; je vous en re-
« mercie ; mais on m'assure qu'au château vous
« avez su , en outre, satisfaire tout le monde. Je

« vous en félicite : c'était plus difficile que de me
« contenter moi-même. »

Mazois reçut, à cette occasion, la croix d'offi-
cier de la Légion d'honneur ; récompense dont il
eut lieu d'être d'autant plus flatté cette fois, que,
bien qu'il n'eût pas encore atteint le temps exigé
par les statuts pour ce nouveau grade, le Roi voulut, par exception, le lui donner.

A la suite de cet excès de travail et de fatigue,
se manifesta chez lui un dérangement de santé qu'il
essaya de combattre, selon sa coutume, par de
simples émissions sanguines; il n'en éprouva qu'un
faible soulagement : la lassitude et le malaise per-
sistèrent. Peut-être n'était-il déjà plus temps d'arrêter le mal dont il était menacé. Mais ce qui, dans
tous les cas, en accéléra bien malheureusement
la marche, ce fut la mort de sa fille aînée. A partir
de ce moment, son esprit s'assombrit et sa sensi-
bilité s'exalta. Cherchant plus que jamais dans
le travail un remède à ses chagrins aussi bien qu'à
ses maux, il outrepassa, selon toute apparence, la
mesure ; car bientôt des étourdissements du plus
mauvais présage pour un homme replet comme
lui vinrent exciter, à juste titre, les alarmes de
sa famille. Entouré toutefois des soins les plus ingénieux et les plus tendres, il parut avoir recou-

vré, après quelques semaines de repos, assez de
sérénité et de force pour se remettre sérieusement
à l'étude d'un des plus importants projets de cons-
truction qu'on pût demander à un architecte ; il ne
s'agissait de rien moins que de bâtir une nouvelle
salle des Députés. Et comme si ce n'eût pas été là
un suffisant aliment à l'activité de son esprit, il
s'occupait en même temps d'une savante notice
sur les embellissements de Paris, et avec non moins
d'ardeur d'un vaste plan de nécropole pour cette
capitale dont les cimetières avaient, à cette époque déjà, pris un tel développement, que M. le
comte de Chabrol, alors chef de l'édilité parisienne,
dut songer aux moyens d'arrêter ou tout au moins
de détourner cet empiétement progressif du domaine des morts sur le domaine des vivants. L'é-
tude dont je parle ici et que j'ai vue, fruit d'une
conception aussi hardie que savante, a dû être re-
trouvée dans les dessins de Mazois ; il est à regret-
ter qu'elle n'ait pas été connue de l'administration
municipale, dont elle aurait peut-être modifié les
résolutions à ce sujet. Une pareille surexcitation
ne pouvait qu'amener bientôt de nouveaux trou-
bles dans sa santé. En effet, vers la fin de 1826, une
hémorragie, dont les médecins méconnurent les
relations trop certaines avec une affection congé-

niale du cerveau, se déclara chez lui violemment.
Contraint, pour cette fois, de garder un repos
de corps et d'esprit absolu, il lui fallut renoncer à ses dessins et à ses livres; mais le démon
du travail n'y devait rien perdre : ne pouvant
faire autre chose, il fit des vers; c'était l'amu-
sement habituel de ses loisirs, ce le fut aussi
de sa maladie. Né en quelque sorte avec lui, ce
goût ne l'avait jamais abandonné. Il faisait des
vers partout et sur tout; le plus souvent avec in-
finiment de délicatesse et de grâce. Les derniers
qu'il composa sont empreints du profond décou-
ragement de son âme et du triste pressentiment
de sa fin; je ne les rapporte point ici, parce que
Mazois n'ayant jamais voulu mettre qu'un petit
nombre d'amis dans la confidence de son inno-
cente passion de rimer, il m'a semblé convenable
d'imiter à cet égard sa louable pudeur.

Quoique profondément atteint dans les sources
mêmes de la vie, il n'en avait pas moins, en apparence, repris encore le dessus; et même les médecins tenaient son rétablissement pour assuré, lorsque le 31 décembre 1826, peu d'instants après
s'être mis à table pour faire son léger repas du soir,
on le vit se renverser tout à coup sur son siége, et,
portant vivement la main à son front, s'écrier : Je

suis un homme perdu! Ce furent les derniers mots qu'il proféra : il venait d'être frappé d'apoplexie. J'étais présent; et à plus de trente ans de distance, j'ai là palpitante encore sous mes yeux cette scène de trouble et de désolation où amis et parents, confondus dans la même tendresse et la même douleur, imploraient, au milieu de leurs sanglots, des secours qui, pour être moins tardifs, n'en auraient pas été plus efficaces, tant le coup avait été foudroyant.

La mort vint ainsi arrêter Mazois au milieu de sa course, alors que jeune encore, mais mûri par l'étude et encouragé par le succès, il allait entreprendre cette intéressante série d'ouvrages projetés dont les matériaux étaient déjà recueillis et les plans tout tracés ; elle vint l'atteindre, même avant qu'il eût pu terminer l'œuvre qui avait commencé sa réputation, et sur laquelle se trouvent fondés ses vrais titres de gloire. Il n'y avait eu, en effet, de publiés en entier, de son vivant, que les deux premiers volumes des *Ruines de Pompéi;* l'un relatif aux tombeaux et aux murailles de la ville ; l'autre aux habitations particulières et aux mille détails de la vie privée des anciens, tels que sont venus les révéler les découvertes faites de 1755 à 1821. Du volume suivant trois livraisons seulement avaient paru dans le courant de 1826 ; cinq autres qui se trouvaient toutes préparées ne tardèrent pas à les suivre. Mais là s'arrêta la collaboration active de Mazois. Il laissait heureusement après lui d'immenses matériaux et 454 dessins inédits qui, remis aux dignes mains de ses éditeurs, MM. Didot frères, purent, avec le concours éclairé de MM. Gau, de Clarac et Letronne, servir à compléter enfin ce grand et magnifique ouvrage dont la France doit s'honorer à plus d'un titre.

Jusqu'en 1812, on n'avait rien publié sur Pompéi qui répondît à la légitime attente du public. Ce n'était assurément, ni les Recherches d'Ancora sur cette ville et celle d'Herculanum, ni l'itinéraire de l'abbé Romanelli, ni la Dissertation de Nicolasi sur Pompéi en particulier, ni les quelques dessins pris à la dérobée par les Anglais sous le ministère d'Acton, ni enfin ce qu'en avait dit l'abbé de Saint-Non dans son *Voyage pittoresque*, qui pouvaient satisfaire les vrais amateurs d'antiquités, pas plus que les artistes et les savants. L'Académie de Naples elle-même, qui jouissait depuis si longtemps du monopole de ces ruines précieuses, n'avait encore mis en lumière, à cette époque, que deux volumes des peintures et des mosaïques tirées de Pompéi. Quant aux vues de

cette ville publiées en feuilles détachées par Pi-
ranesi, bien que réputées pour leur agrément,
elles n'étaient guère qu'un guide dangereux dont
l'infidélité s'abritait derrière la renommée de leur
auteur. Ce fut donc véritablement l'ouvrage de
Mazois qui vint redresser les erreurs, réparer
les omissions, remplir les lacunes de tous les ouvrages d'un genre quelconque qui avaient été
publiés jusqu'alors sur ce sujet; il était venu, en
outre, expliquer d'une façon aussi claire qu'at-
trayante, et comparer avec autant d'exactitude que
de sagacité, au double point de vue de l'architecture et de l'histoire, tous ces restes d'édifices anciens que la jalouse indolence du gouvernement
napolitain avait, pendant plus d'un demi-siècle,
soustrait à la studieuse curiosité du reste du monde.

C'étaient là d'importants et heureux résultats,
qui sont rarement dus aux efforts d'un seul homme;
car combien n'exigent-ils pas d'aptitudes et de
qualités diverses! En effet, pour mener à bonne
fin une pareille entreprise, ce n'était pas seulement de savoir et d'érudition qu'il s'agissait; il
fallait y apporter encore du coup d'œil, de la décision, du jugement; joindre à un grand amour
du travail le courage et la force de volonté qui en
doublent la puissance; faire marcher de front

l'esprit de critique et l'esprit de recherche;
unir la délicatesse du goût à l'habileté de la main ;
il fallait être tout à la fois écrivain et artiste, et
savoir pour cela emprunter aux couleurs d'une
imagination vive, mais sagement réglée, le
charme d'un style toujours clair, simple, élégant et pittoresque. Toutes facultés précieuses
qui, libéralement départies à Mazois, lui auraient
sans aucun doute permis de suffire à lui seul
aux nombreuses exigences de son œuvre, s'il
n'eût été du nombre de ces victimes d'élite que
Dieu semble ne montrer au monde un court moment, que pour nous mieux faire comprendre
la fragilité des avantages sur lesquels l'homme
fonde sa prééminence ici-bas.

VARCOLLIER.